JN203556

MIAKI

三秋ホールの風景と建築

Landscape and Architecture
of Miaki Hall

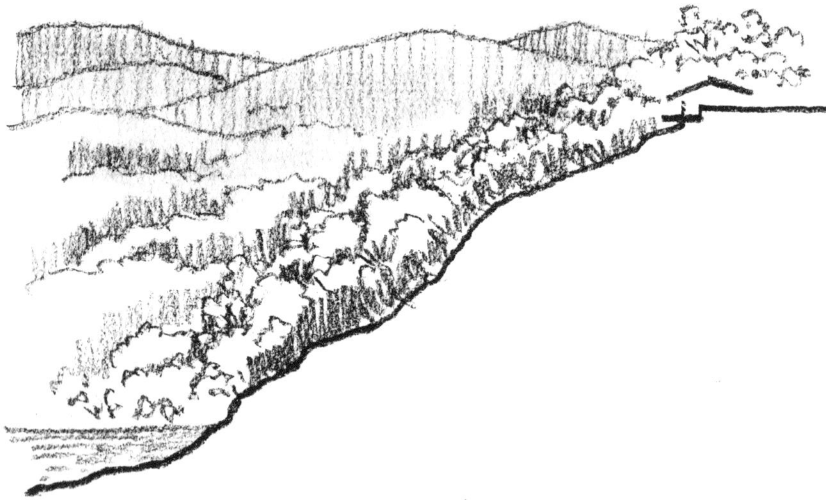

目次

建築の納まり（detail）において、耐久性や使い勝手を追求するのはものづくりの道理であるが、それだけでは十分ではない。その上に空間の質を正しく表すためである。道理がないがしろにされると建築は品格を失う。

手嶋保

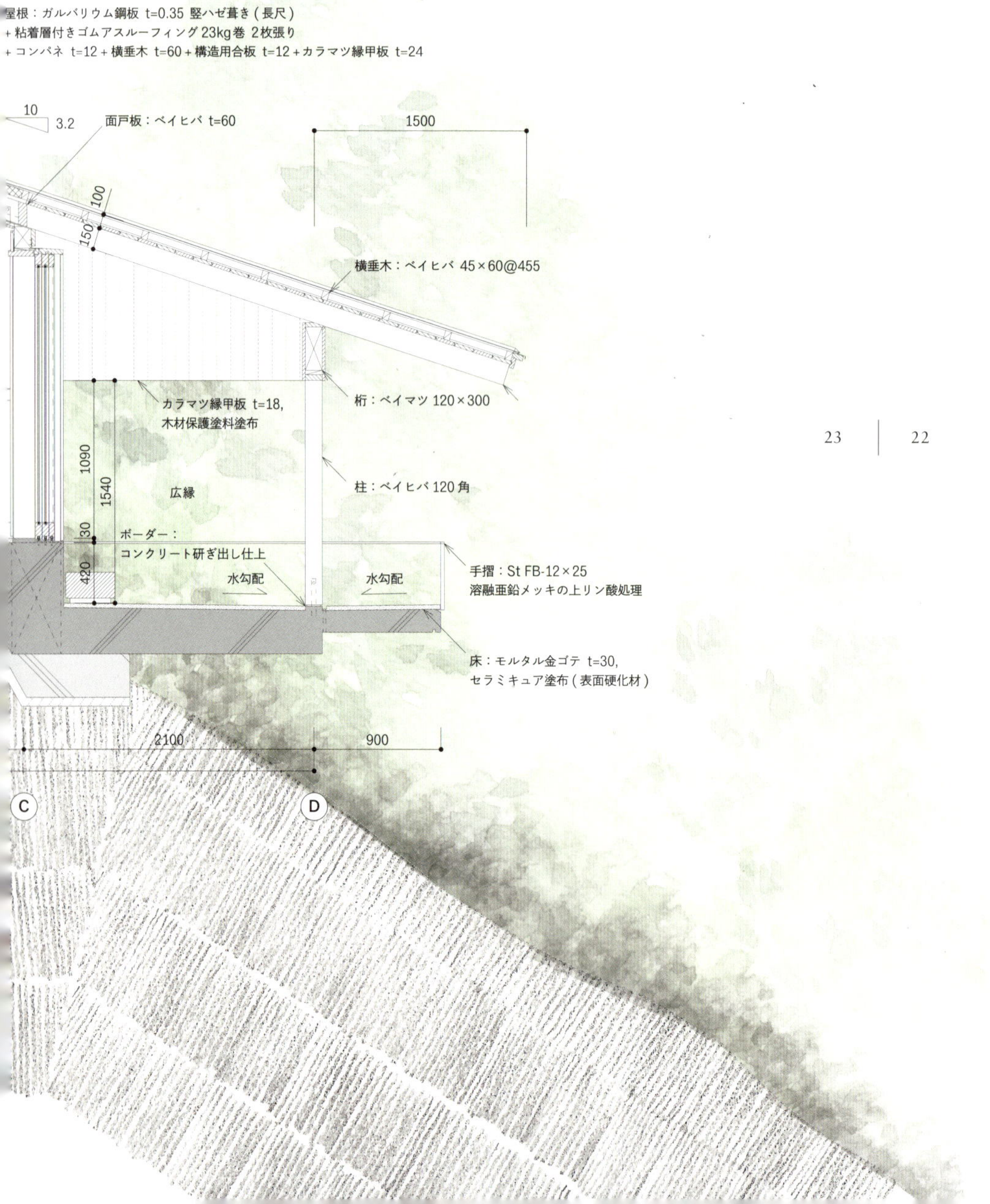

屋根：ガルバリウム鋼板 t=0.35 竪ハゼ葺き（長尺）
+粘着層付きゴムアスルーフィング 23kg巻 2枚張り
+コンパネ t=12+横垂木 t=60+構造用合板 t=12+カラマツ縁甲板 t=24
10
3.2
面戸板：ベイヒバ t=60
1500
100
150
横垂木：ベイヒバ 45×60@455
カラマツ縁甲板 t=18,
木材保護塗料塗布
桁：ベイマツ 120×300
1090
1540
広縁
柱：ベイヒバ 120角
30
ボーダー：
コンクリート研ぎ出し仕上
420
水勾配
水勾配
手摺：St FB-12×25
溶融亜鉛メッキの上リン酸処理
床：モルタル金ゴテ t=30,
セラミキュア塗布（表面硬化材）
2100
900
C
D

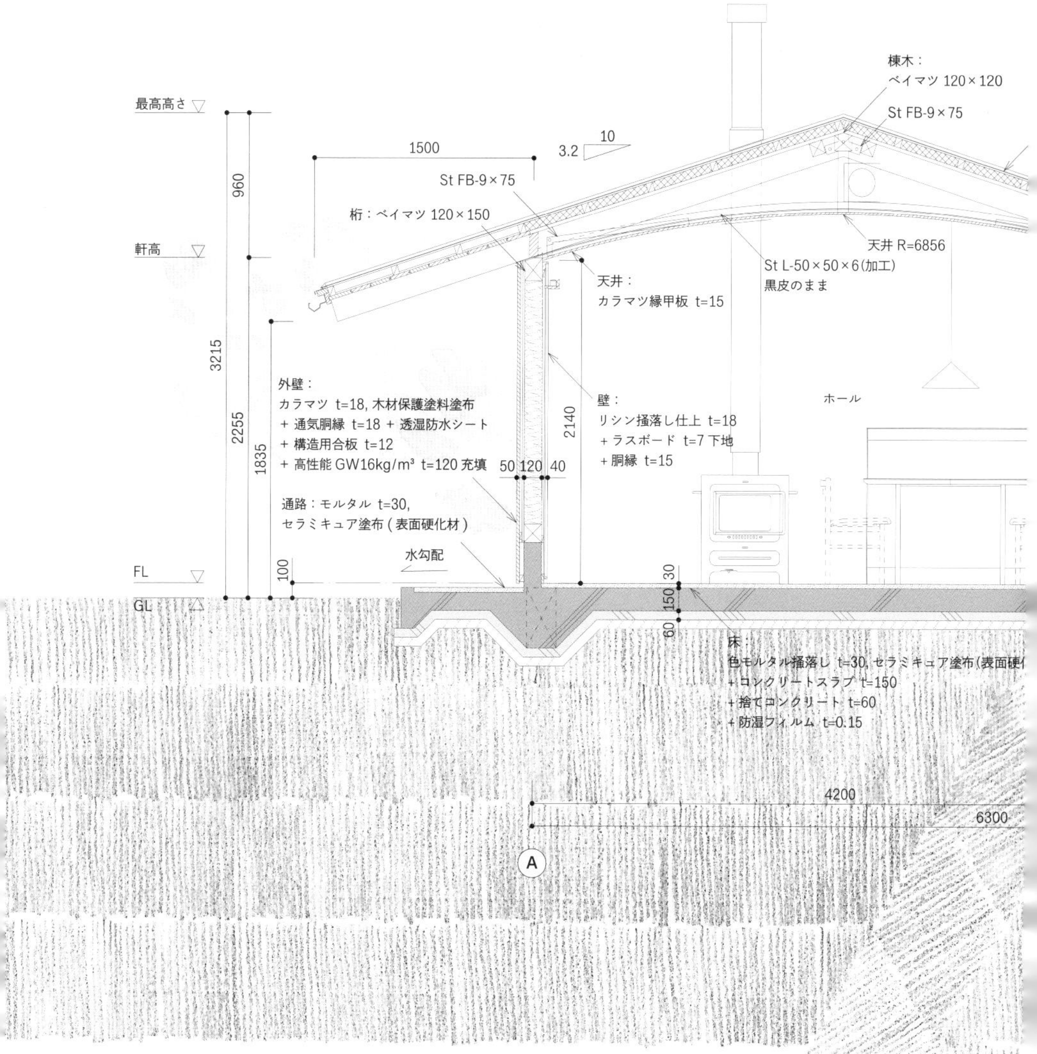

設計期間：2014年4月～2016年3月
工事期間：2016年4月～2016年10月
都市計画区域外
構造：木造

敷地面積：9,603.35 m²
前面道路幅員：12.65 m
建築面積：93.16 m²
延床面積：93.16 m²

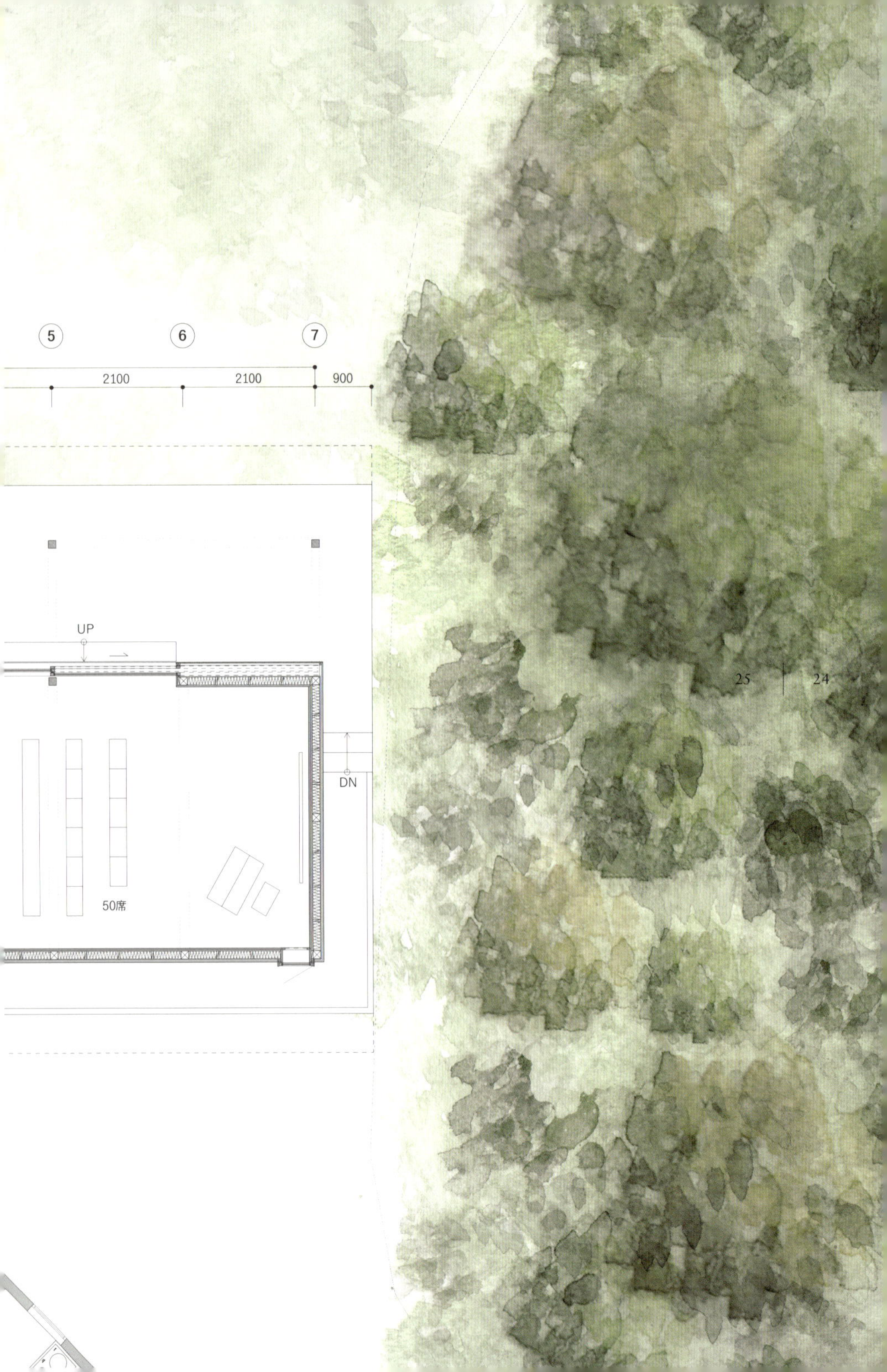
5
6
7
2100
2100
900
UP
DN
50席

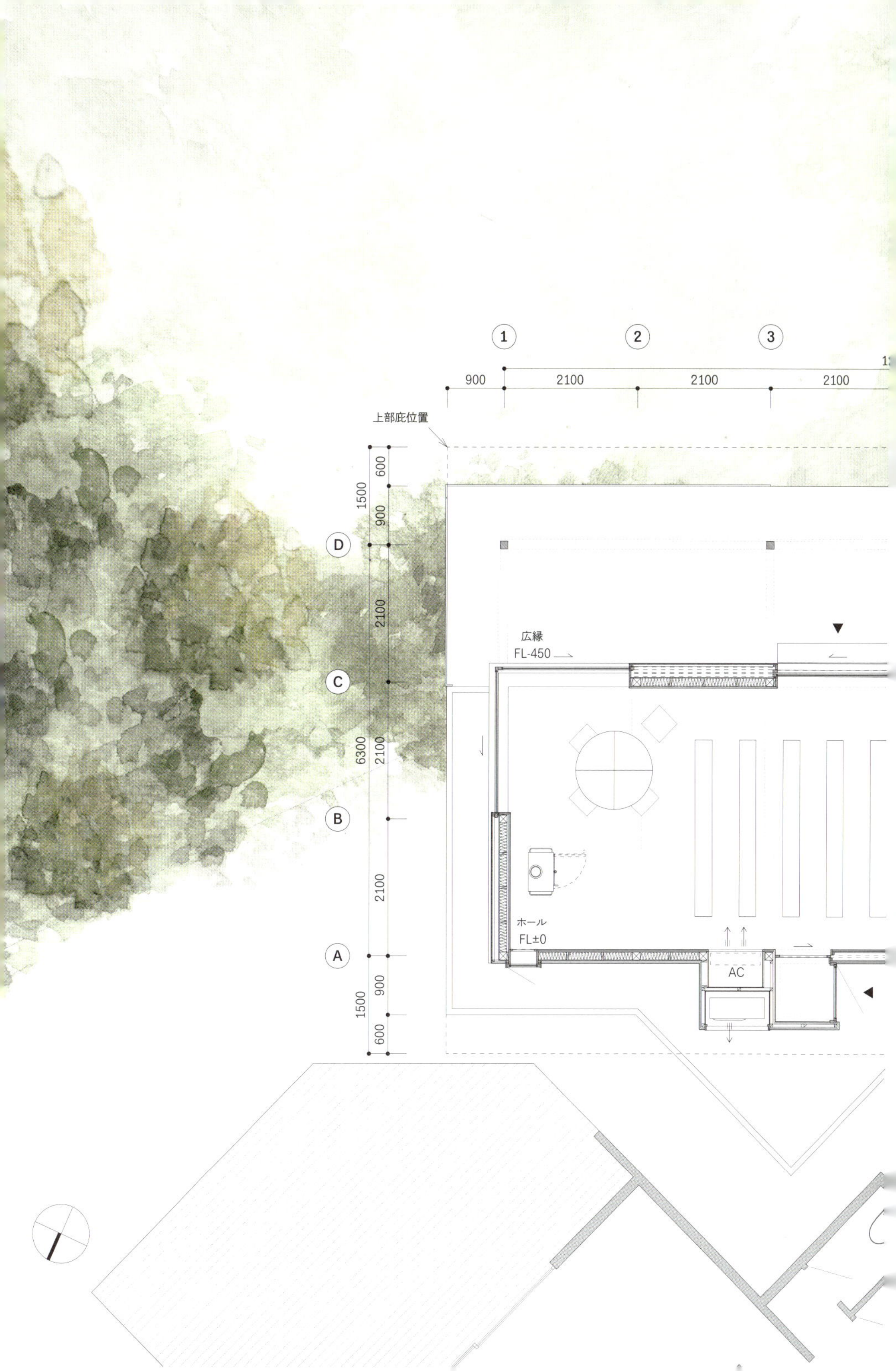
1
2
3
900
2100
2100
2100
上部庇位置
600
1500
900
D
2100
C
6300
2100
B
2100
A
900
1500
600
広縁
FL-450
ホール
FL±0
AC

「自然と建築と」

手嶋保

遡ること六年、私はこの地を訪れていた。仕事の話を終えてから、西下氏は人工物が一切見えない伊予の山並みを見遣りながら、ここにどんなものを建てたら良いと思うかと尋ねられた。私は驚きつつも、崖に向かって大きく跳ね出した建物が良い、というようなことを答えたと記憶している。不思議な因果の発端であった。

《三秋ホール》の用途は特に定まっていない。具体的には薪ストーブや床材などの建材の展示やミーティング、小規模の講演会や美術作品の展示、音楽会など、地域に開かれた催しが予定されているが、活用については まったく自由である。長く地域に根差す建築

妻面の構成
外壁はカラマツの板材を４ミリ目透かし張りにして「板格子」として夏の遮熱を考慮している。戸袋部分は同材を本実加工。頂部の木製グリルの奥には換気扇があり、天井裏の熱を強制排気する。

はこういうものがふさわしいのかもしれない。がらんどうの部屋と広縁があるだけであるが、本源的な意味での日本建築の質を備えていると思う。

西下氏が《三秋ホール》を作ろうと思い立たれたのは、上記の事由に加えて、過疎化が進み、未来の豊かな姿を描きにくいこの地に光を当てたいとの思いがある。氏の座右の銘である「一隅を照らす」の実践である。

古今東西、峻厳な場所に置かれた建築の数々——日本では清水寺本堂や三徳山三仏寺の投入堂、海外においてはヨーロッパの古城、近代においてはフランク・ロイド・ライトによる《落水荘》など、枚挙に暇がない。自然を凌駕したいという本能的欲望がそうさせるのか、安全面や容易さからは平坦な土地の方が良いに決まっているのだが、なぜ人はあえてそこに建てようと挑み、そしてその姿はかくも美しいのか。果たしてこの建物もまた崖に面して大きなキャンティレバー（跳ね出しスラブ）を持つ建築となった。私にはそれが人間のある本質の表れのように思われてならないのである。

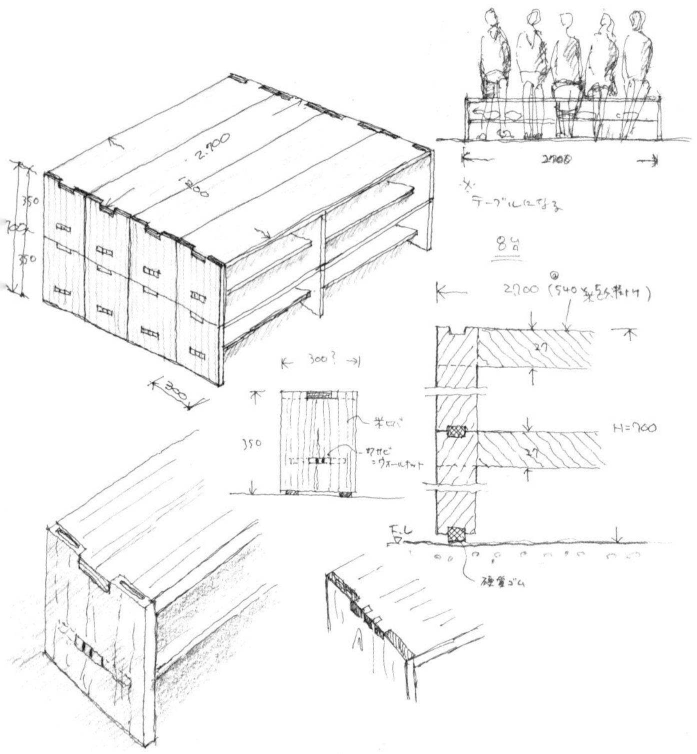

家具について

手嶋保

ベンチとスツールはベイヒバを用いている。ベンチは通常レクチャーなどに使われるが、集積すると大テーブルとなり、展示台など多様な使い方ができる。座のくぼみは積層するための接地部分に取り付られたゴム脚の雌型である。

打合せ用のラウンドテーブルは、アピトンの三六ミリ厚の合板一枚から切り出している。この重厚な材はマグロ漁船の冷蔵庫の床に用いるもので、西下氏から何か他の使い道がないものかと持ちかけられたのが始まりであった。ジョイントにはウォールナットを挟んでいる。

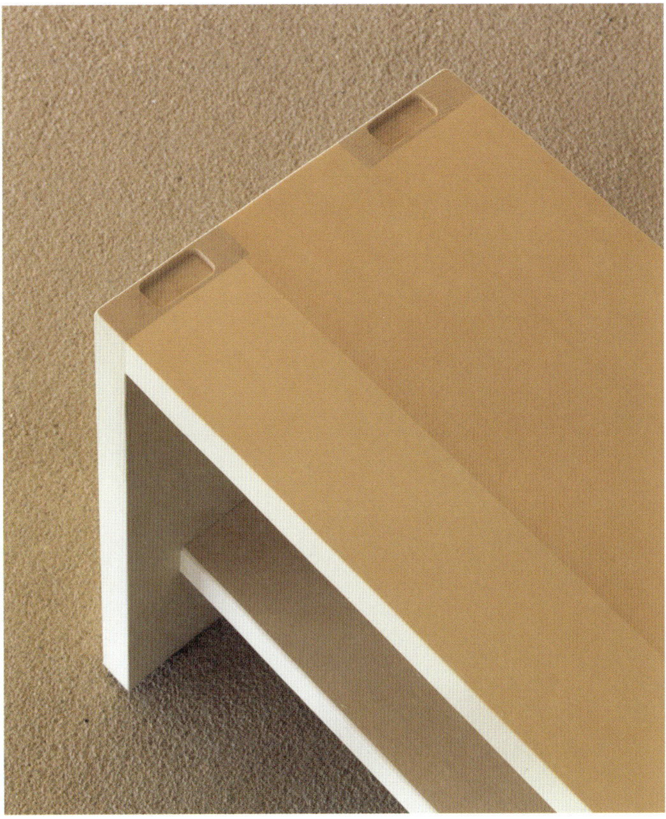

家具や照明器具をデザインし始めたのは、空間の自由さを邪魔しないエレメントがほしい、という一点からである。穏やかだけどスピリットが感じられ、芯のあるものを作りたいと思う。

手嶋保

鼎談

手嶋保（建築家）
×
神家昭雄（建築家）
×
西下健治（共栄木材 代表取締役）

●土地と人のための建築

西下　本日はお集まりいただきましてありがとうございます。今日は《三秋ホール》の完成を記念して、設計した手嶋保さんとゲストに岡山を拠点にされている建築家の神家昭雄さんをお招きしています。

手嶋　まずは建主である西下さんと、岡山から駆けつけてくださった僕の尊敬する建築家の神家昭雄さんへ、心から御礼申し上げます。

神家　西下さん、手嶋さん、《三秋ホール》の竣工おめでとうございます。四国に名建築が生まれたと思います。皆さんが誇りを持てる建築であり、五十年後百年後も

変わらない普遍的な建築だという印象を持ちました。今日は本当に来て良かったと思っています。多くの方が愛情を持ってこのホールを使っていくことで、共栄木材さんにますます繁栄がもたらされると思います。本当におめでとうございます。

西下　ありがとうございます。今日は建築設計の仕事をされている方も多くいらっしゃっていますので、建築家のおふたりに質問をしていきたいと思っています。まず、建主に対して何か求めるものはありますか。

神家　僕は消極的なので、建主さんに求めるものはありませんね。基本的に要望に応えようと努めますし、自分の価値観だけではつくらないように心掛けています。何より、お互いの信頼関係が大切ですね。それがないと良い建築にならないと思います。

手嶋　僕も神家さんと同じく、建主さんに何か求めることはないですね。僕はお願い事が苦手なので、自分から「こうしてくれ」と言うことはそもそもあまりありません。なるべく虚心坦懐に土地やそこに住まう人のことを考えたいと思っています。しかしながら、この建築は三～四年前に西下さんと食事をしている時に「社員が弁当を食べる小屋を建てようと思っている」という話を聞いて、「それ、僕に設計させてく

ださい」と反射的に言ったのです。そんなことは初めてでした。

西下　あの時は驚きました。

手嶋　建築は建主を反映すると思います。帰依というか、僕は建主にすごく影響されるところがあります。「土地と人」これが最も基本的で重要なテーマです。

神家　モチベーションは重要ですね。せっかく指名していただくわけですから、予算が少なくてもやりたいと思いますし、建築家は芸がありますから、うまくおだてて持ち上げると良いと思います（笑）。ものづくりは歓びながら、楽しくつくることが大事です。

手嶋　はい、もちろんです。社会性も大切です。われわれは表現や提案をしますが、そこに住んだり、使ったりする人たちの心のなかで作品は完成するものです。土地や人をよく研究して、こうしたら豊かになるんじゃないか、楽しくなるんじゃないか、そうした当たり前のことをよく考えます。その建物だけではなく、周辺にも良い影響が与えられたら良いですね。建築家にはそうした責任があると思います。

神家　手嶋さんはこんな風貌とは異なり、ヒューマニストで、人間愛に溢れている人です。建主さんのためにさまざまな発想をする素晴らしい建築家です。手嶋さんの建築を見たり、文章を読んでもそれを感じられると思います。

西下　その土地に合ったものをつくるため、若い頃にしていたトレーニングはありますか。

手嶋　僕もまだ若手建築家のつもりなんですが。（会場笑）僕は田舎の山のなかで育ち、学校でもあまり馴染めませんでした。今帰省しても、自然豊かではあるけれどもそれほど美しい場所とは感じませんが、そうしたところでも想像力を働かせることで美しさや楽しさを感じることは可能ではないでしょうか。残念ながら理想的な敷地には出会ったことがありません。けれども必ず良いところがあるものです。それを活かすのでしょうね。

神家　建築家には原風景があると思いますが、それを大事にするということですよね。手嶋さんも、その場所の光や風景、風など、子どもの頃から気持ちいいと感じる空間があったと思います。実家の庭に古びた蔵があり、板戸を開けた時の鮮烈な光の記憶などについて以前書かれていましたね（*1）。集落から降りていくと開かれた筑後平野があり、閉じた場所と開かれた場所が両方あるそうです。そうした子どもの

時の体験、原風景があり、それが建築の設計とリンクしていると思います。

手嶋　今思えば、田舎の自然の風景、自然環境から得る情報は実は圧倒的に豊富です。図らずともそういった知恵や感性を得ていたのだと反芻しています。あけびを採ったり、木の枝を切り出し、削ったりして、工夫して遊ぶわけですが、そのなかで手触りや色彩というものに名状しがたい魅力を感じていました。現在も、なぜか素材感のないものに魅力を感じないのはそのような経験があったからではないかと思います。建築も単に既製品をメーカーの言う通りに組み合わせるのではなく、自分のものとして咀嚼して考えることが大切だと思います。

神家　常識ではなく、自分の物差しを持って考えるということですね。

●建築のプロポーション

西下　設計をする時には熟成期間があるものですか、それともすぐにアイデアが浮かぶものですか。

手嶋　最近は少し長くなることが増えてきました。初期案

は割合早く考えつくのですが、熟成の時間が重要だと思っています。僕の場合、最初に考えつくアイデアはオーバー気味で、段々と建主さんやコストとの関係で削られていき、最後は「残った」ようなものになる気がします。仕事とは、微調整をし続けることですよね。

神家　《三秋ホール》は初期案からいくつかの提案がありましたが、結果的にすごく良くなりましたね。《伊部の家》（二〇一二＊2）のプロセスも見せてもらったことがありますが、最後のものが一番素晴らしいと思います。確かに初期案はいろいろあって、無駄とまでは言いませんが、整理されることでより良いものができ上がっています。手嶋さんは時間によって良くなっていく人ですが、こねくり回して悪くなる場合もあるので難しいですね。
僕は割とすんなりできます。手嶋さんは建築家ですが、僕は自分のことを職人だと思っています。職人は仕事が早いほうが一流だと言われますから（笑）。ただ、設計は図面を描くだけではなくて、現場が終わるまでです。やはりトータルでは時間が掛かります。

手嶋　それがこの仕事の誠意なのでしょうね。最初からこのプランを思いついていたら、こういう建築にはならなかったと思いますね。

西下　最初に図面を見た時、軒先が頭に当たりそうだったので心配でした。上棟し、垂木が入った後、軒下の広縁を歩くと、安心感や包まれた感覚がありました。僕自身のなかでは天井が高いことが豊かだと思っていたのですが、《三秋ホール》の天井は一番低いところが二、一四〇ミリだし、軒先は一、八〇〇ミリくらいです。

神家　高さだけではなく、比例、プロポーションが重要ですね。外観、室内、壁や床面積、体積、そうしたものがすべて関係しているので、一概にこうすれば良いと言えないものです。動的な空間なのか、静的な安らぐ空間なのかによっても変わってきます。手嶋さんの先生の吉村順三さんは平面と断面の重要さについてよくおっしゃられています。

手嶋　私見ですが、吉村先生は過去の自分の仕事を繰り返す人ではありませんでした。スタイルや形が先にあるわけではなく、常に土地や人などの現実を基本から考えていく。先生のそういうところに魅力を感じていました。高さに関しても、吉村先生の住宅の天井は低いというイメージがありますが、晩年の先生との仕事のなかでは、むしろ「高くしよう」と言ってい

ました。なぜかと聞くと「世のなかが豊かになってきて、そういう気持ちになったんだよね」と。僕のなかに吉村先生の影響はもちろんありますが、そこにこだわりはありませんし、形を真似たくありません。決め事をつくらず、常に自由に考えたいですね。《三秋ホール》の天井高は、もう少しでも高くしていたら駄目になっていたと思います。住宅ではないので、ある意味で非日常の空間で良いと思っていました。人間の暮らしには快適さだけではなく、ある種のストレスが必要で、この空間はそういうものでもあると思います。開口を絞っているのもそうした感覚を与えていると思います。

神家
インドの建築は日射を遮って風を通すものが装飾にもなっています。そうした工夫が現代建築でもできれば良いですね。《三秋ホール》の広縁は、まさに日射を遮って風を通す場所になっています。現代的な縁側空間です。手嶋さんは古典を翻訳するということを結構やっていると思います。

西下
《三秋ホール》は「暇な時にやってください」としか言っていなかったので、工事は遅々として進まなかったのですが、その間、うちの社員が広縁でくつろいでいるのを見て、いい場所になっていると思いました。

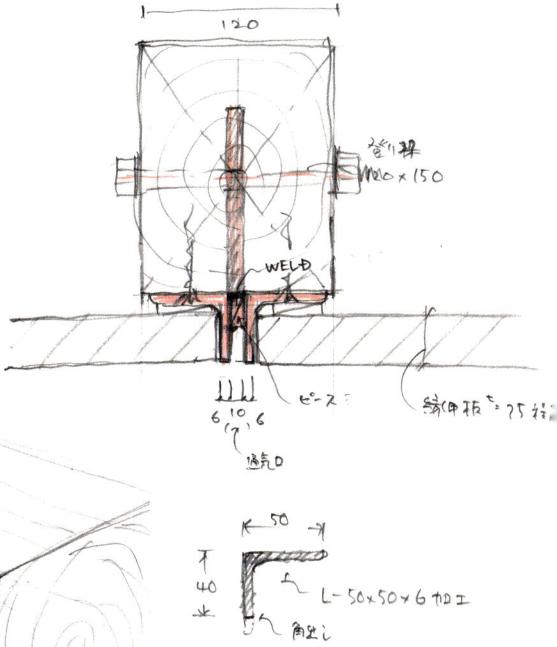

手嶋　広縁は、室内とフラットに連続させた方が使い勝手はいいのかもしれませんが、一続きの空間というよりは回廊のように独立した別の空間として考えていました。当初は七〇〇ミリくらい段差がありました。

神家　この広縁があることでまったく違う空間になっています。そういう意味で、無駄や余白に建築の本質的な良さが表れると思います。

●素材の選び方や使い方の工夫

神家　手嶋さんは吉村順三さんの最後のお弟子さんになりますが、辞めて自分の事務所を開こうという時にどのようなことを考えたのですか。

手嶋　最初が大切だと思っていたので、吉村事務所時代に協働していた構造設計者や工務店とは付き合わず、自分で探しました。青臭かったですね。付き合いのあった工務店は、図面を渡せば施工図を描いて作ってくれるようなところもありましたが、それは危険だと直観したのです。究極的には、自分が設計する建築はプライドだけの工務店や職人は要らないと思っています。基本から考えてオリジナルな仕事をしたいです。高級な仕事も良いのですが、真面目にやってくれて、尊い仕事になることが重要だと思います。

西下　《三秋ホール》は、構造材や木製建具や造作材がベイヒバ、天井と外壁がカラマツ、内壁がリシン掻き落としです。床は色モルタル掻き落としで、目地が入っています。構造はアングルを合わせて曲げてトラスをつくっています。その両側からベイヒバ 六〇×一五〇ミリを抱き合わせています。

松山港は日本有数の丸太が揚がる港です。ベイツガ、ベイマツ、ベイスギ、ヒバ、スプルースあたりが大量に揚がるのです。丸太は一二メートル強のものが入ってきます。手嶋さんとも一緒に行きましたが、外国産のねじれて育った丸太を自分の目で見て、素性の良い木を選んでいます。一二メートルありますから、六・五メートル必要であれば切るだけです。

ただ、例えばベイヒバは二カ月に一度しか入ってこないので、早めに段取りをする必要があります。これが重要で、もし急ぎで待てないとなると、通常のとんでもない値段になります。ツイストしていない目の混んだ木を選ぶと、辺材でもきれいな材を取ることができます。天井材は節が少ないのですが、ロシア産のカラマツです。国産はヤニがたくさん出ますし、節が多くて駄目ですね。そうした工夫があるので、《三秋ホール》は材木自体としては決して高いものではありません。

今皆さんが座っているベンチとスツールは手嶋さんのオリジナルデザインです。高さは三五〇ミリで、ベンチは重ねるとテーブルにもなります。懇親会などの際には大テーブルにして使おうと考えています。あえて塗装していませんが、十年後くらいに味が出るといいなあと。本当にそうなるのかどうか予想できませんが、木肌の美しさを第一に考えたからです。

手嶋　西下さんと親しくなれたのは、いわゆる「材料屋」ではないからです。「こういう使い方ができますよね」と提案してくれる新しい材木屋さんです。商売のあり方も「見立て」だと僕は思っています。丸太で買えば安いというのも目から鱗でした。実はそういったことまで手を出すは面倒だと思っていましたが、良い仕事をするための下ごしらえ、準備なのです。西下さんのようなブレーンとタッグを組んで考えていくと、どんどん良くなっていきます。良いものを作るためにお互いに知恵を出し合い工夫し続けていくことが重要です。本当に感謝しています。

［二〇一六年 十月十五日、三秋ホールにて行われた記録を元に構成］

共栄木材は日本で初めて焼杉を工場生産。現在も稼働する機械。

＊1　手嶋保「場所が纏う光、漂うアウラ」(『住宅建築』2014年2月号、建築資料研究社、2014)

＊2　手嶋保『珠玉のディテール満載 住宅設計詳細図集』(オーム社、2016) 参考。

39 | 38

手嶋保　1963　福岡県生まれ
1986　東和大学建設工学科卒業
1990　吉村順三設計事務所入所
1998　手嶋保建築事務所設立

MIAKI
三秋ホールの風景と建築

発行日	2017年4月28日 初版第1刷
著　者	手嶋保
編　集	富井雄太郎／millegraph
デザイン	石曽根昭仁／ishisone design
発行者	西下健治
発　行	共栄木材 〒799-3124 愛媛県伊予市三秋1130-1 tel 089-983-5733　fax 089-983-5734 mail otoiawase@kyoei-lumber.co.jp http://www.kyoei-lumber.co.jp/
発　売	millegraph tel 03-5848-9183 mail info@millegraph.com http://www.millegraph.com/
印　刷	図書印刷　露木印刷（表紙）
製　本	図書印刷

Photograph

西川公朗　p.1, pp.4-5, pp.8-11, pp.18-21, p.29 下, pp.38-39
富井雄太郎　pp.6-7, pp.12-13, pp.15-17, pp.26-27, p.37
共栄木材　p.29 上　　手嶋保建築事務所　p.31, p.34

ISBN 978-4-9905436-6-2　C0052
Printed in Japan

すべてのドローイング、図面、写真、文章の著作権はそれぞれの建築家、写真家および著者に属します。
本書の無断転写、転載、複製は著作権法上の例外を除き禁じられています。